AF276286

# La dulzura del ornitorrinco

Andrea López Montero

# La dulzura del ornitorrinco

Andrea López Montero

Edición limitada y numerada de 300 ejemplares

Piezas Azules

COLECCIÓN PIEZAS POÉTICAS

Primera edición, octubre 2024
©Andrea López Montero, *La dulzura del ornitorrinco*

**ISNI**: 0000 0005 1281 392X
**Web**: https://www.andrealopezmontero.com/

**Ilustraciones interiores y de portada:**
©Andrea López Montero

**Fotografía de la autora**: ©Patricia Lodín

**Edición:** ©Piezas Azules, editorial independiente y Daniel Agudo
piezasazuleseditorial.com

**ISBN**: 978-84-129256-0-9
**Depósito legal**: M-20689-2024

**Piezas Azules** llamábamos en nuestro lenguaje a los proyectos locos que se nos ocurrían. Eran proyectos con los que nunca nos haríamos ricos, con los que posiblemente nos hiciéramos más pobres, pero eran tan bonitos que tenían la vocación de no quedarse para siempre en el terreno de los sueños.

*A quienes cuidan.*

Ovíparo, desova y guarda el llanto.

*Se rompe en pedazos de esferas fosforescentes,* nace hecho de piel y duda, veintiocho días de gestación, diez de incubación y luego la intemperie. Sus días primeros son también silenciosos, no tiene aún la propiedad del sonido, tampoco la tendrá exactamente, será la propiedad del murciélago, los impulsos eléctricos los que lo guíen, en sus ojos laterales que no pueden mirar de frente y ven solo al asceta y a sus hermanos, ciegos también de sí, que lo acompañan casi nunca, a nado, viento fácil y con certeza.

*Con su propio lenguaje de semilla,* huidizo y solitario, no se deja atrapar, como el afecto. *Rata en delirio,* tanto en ratón y ave, ardilla. Corre, vuela, nada: tiene las propiedades puras, trasciende la materia, se convierte en grande haz de luz. Su pelaje cambia, en halo ultravioleta ilumina verde o cian, es siempre melancólico.

Huele bajo el agua y su sexo es de vuelo, entiende que la vida es un envés, ya nace en escondite. Su leche es antibiótica. La excreta, suda el alimento para su cría y su *bostezo color mundo y carne.*

El macho la envenena y reproduce *un escalofrío de pájaro.* Su hocico es de ave paradójica, dicen que su corazón se vertebra entre una rata de agua y su silbido y la gracia plumífera con sed del pato, palmífera anda, meditabunda. Dicen también que en realidad no existe, como el lenguaje.

*Animal metafísico cargado de congoja,* su agua es agua dulce. Es coqueta, se peina, divide en dos a la familia, a un lado estará el macho, en doble madriguera cría a los hijos. La orienta bien su hambre, deglute enteramente su tamaño. Prefiere lo exclusivo, su isla es siempre duda, continúa *buscando infatigable un lago quieto en donde refrescar su tarea ineludible* con sus genes distintos de hace 166 millones de años, mi mundo amenaza su extinción.

**Gestación interior 1**

## ACENTO Escoge la entonación

Busqué en el catálogo la sangre
correcta: que brindase con cariño
la sed de dicha, el alimento justo.

No te ofrecí, no, la virtud intacta,
sí el deseo de un útero cabrío,
todo el llanto y el aullido de leche.

Escogí un ajuar de loza blanquísima
y todos los termómetros de usura
para acudir caníbal a tu encuentro.

En la lumbre de azufre que te escalda
en tu semilla con mi trampa dulce
y sus muebles pequeños      y       pequeños.

Para alimentar las crías con mimo
suave, su desayuno de azafrán,
su lento tiritar de aves al vuelo
y las fresas precarias, con tanta norma nueva
que no logra rimar bien ni conjunta
el cuidado, la sábana, la cuna.

Todo el llanto y el aullido de leche
perfecta que brindase en el cariño
el útero vacío de tu carne.

No te ofrecí, no, (no me ofrecí) la virtud precisa,
no la virtud vacía, no en virtud
del agua clara y pulcra, la virtud
con tanto llanto: escogí con el tiempo
el tiempo de este canto débil, esta
dicha justa. Alimento de la sangre.

Busqué en el catálogo un brote,
los rasgos, los defectos que no debo
repetir: decidí ovular rápido,
pronto en antes de escoger la miopía,
sin tristeza hereditaria o cojera.
Repito: decidí el óvulo,
el óvulo de las rapaces.

Mi cría corre veloz en el prado,
corre sana, corre fuerte y ay, ¡corre!
No nos imita, no, no nos imita.

Escogí el canto y el aullido de leche,
todo mi ajuar de una loza blanquísima,
sin tristeza hereditaria y          sin llanto.

**BERRINCHE** La dulzura

Te quiero regalar un mundo dulce
de esquinas suavizadas y sin filo,
requiebro mi cariño en simetría,
te doy de cada parte la mitad
y luego la mitad de cada parte.

¿En cuántas partes cabe la ternura
y cuánto de mí queda en este cuerpo?

Sospecho *doppelgängers* ordenadas,
amasan dos de miedo y pizca más
de sed y de tendencia cabezota:
el mundo es un lugar un poco incierto,
pongamos dos de azúcar y un café.

Si acaso no es requiebro y resquebrajo
atónita la miel del cementerio,
me engaño suavemente, me suavizo
sintagmas, sensaciones y futuros.

Siseo en esta brisa boquiabierta:
la baba enferma cae

                                              y la recojo.

**CAUTELA** De forma natural

De forma natural queda estancada
la forma natural en que nacemos,
la culpa natural con que caemos
terrenos depresivos, tan cansada

la vertical del nido, fracturada
de un hambre laboral que entretejemos,
al hambre natural que enloquecemos,
sin tribu, sin diván, mal arrojada

el agua del pantano al acertijo,
renuncias sin la sed, sin el orgullo,
ovípara de lumbre que no elijo,

mi vientre escaso afila sin el hijo,
el eco natural sin el murmullo,
mi cría no me nace, descobijo.

### DESHILACHE Un quejido yermo

Lamenta en el maullido un cocodrilo
su suerte de pantano,
ansía los océanos,
consiente el cielo estrecho,
cuida a su cría ciega,
con piel de melanoma.
Uno a uno ordena sus fracasos
en orden retrospectivo, ve, piénsalo.

Cuidar con moderación, no perder
la autonomía del cachorro:
el llanto es arrecife de agua clara.

Piénsalo.

La fauna solo aprende con el hambre
y el hambre solo une en su conjunto,
hay tribus que se comen mutuamente
y todo su conjunto es acabar:
el llanto es arrecife de agua dulce.

Ovípara me avanzo en sed abierta,
dependo de tantísimos factores,
ataco con veneno cuando debo

guardar en doble madriguera ríos

de escasa libertad o los lugares

con río donde río de raíz

los vínculos concretos de la piel:

el llanto es arrecife de agua fuerte.

## Espejo Su dignidad

No cantes tus aullidos del inicio,
te pido la excelencia en ser quien eres,
que avances con la lanza en el hospicio.

Enhebra sin los miedos alfileres,
atrévete en los saltos abisales,
no hay hecho que te impida ser quien quieres.

No esperes acabar en los finales,
simúlate a ti misma con cariño,
escoge, araña y prueba en las vocales.

Acepta en tu matriz la sed de niño,
escoge en el espejo indagaciones,
en cuántas tús te eliges, desaliño

tu imagen de tu nadie en dimensiones,
tu voz sin voz que apenas se levanta,
la lenta acción de hacerte concesiones.

Escúchate el zumbido que decanta
tus pasos lentamente, de rodillas,
y escoge vertical en la garganta

el grito fuerte, entero, de costillas,

valiente fe tu lucha en esta guerra,

no hay hueco sin un tacto en las mejillas,


no hay tú sin yo que en hierro propio yerra,

si somos dos y él tan solo un trío,

creyendo que es común, él nos destierra


y escucho en un caudal canal y río

y río en cada eco que me ríe,

palabra, voz, concepto y desafío.

## FIEBRE De acantilado

El caos es exclusivo,
irrumpe algunas veces,
desordena el dolor
de los acantilados,
como si te quisiera diferente
este murmullo negro
me amanece y sospecho
distintas realidades:
me molesta tu voz,
me pregunto si siempre fuiste igual
o yo he cambiado, veo
ladrillos mal supuestos
en este edificio interior
a la intemperie, busco
mi letra en un papel,
como si la palabra escrita fuese
cualquier cosa y mi hogar
(la letra en un papel)
la única certeza
donde poder salvarme.

**GENERACIÓN** La hija distraída

Hija, te educaré para que avances
erguida, agazapada entre la luz
que sorprende certezas, las enfada
cuando la duda útil e imperfecta.

Hija, te educaré para que avances
despacio en el traspiés
de los gigantes tristes,
dictándote ficciones áridas
donde signar tu desacato.

Hija, te educaré acompasada,
te construiré un refugio de caracoles serios
para edificar músculos de fe,
cascada en carcajada de un sentido
lento, muy          lento,      en
el sonido de un charco               roto.

Hija, te apagaré la luz, no escuches:
tan solo grillos huérfanos que esconden,
afuera en la intemperie
esdrújula un desierto
de signos que no signan, se suceden.

Hija,

la vida desordena y, de tan dulce,

es precipicio y recta de un sonido

débil,

el latido un abismo que se acaba,

la cría de un vergel que tiembla en frío.

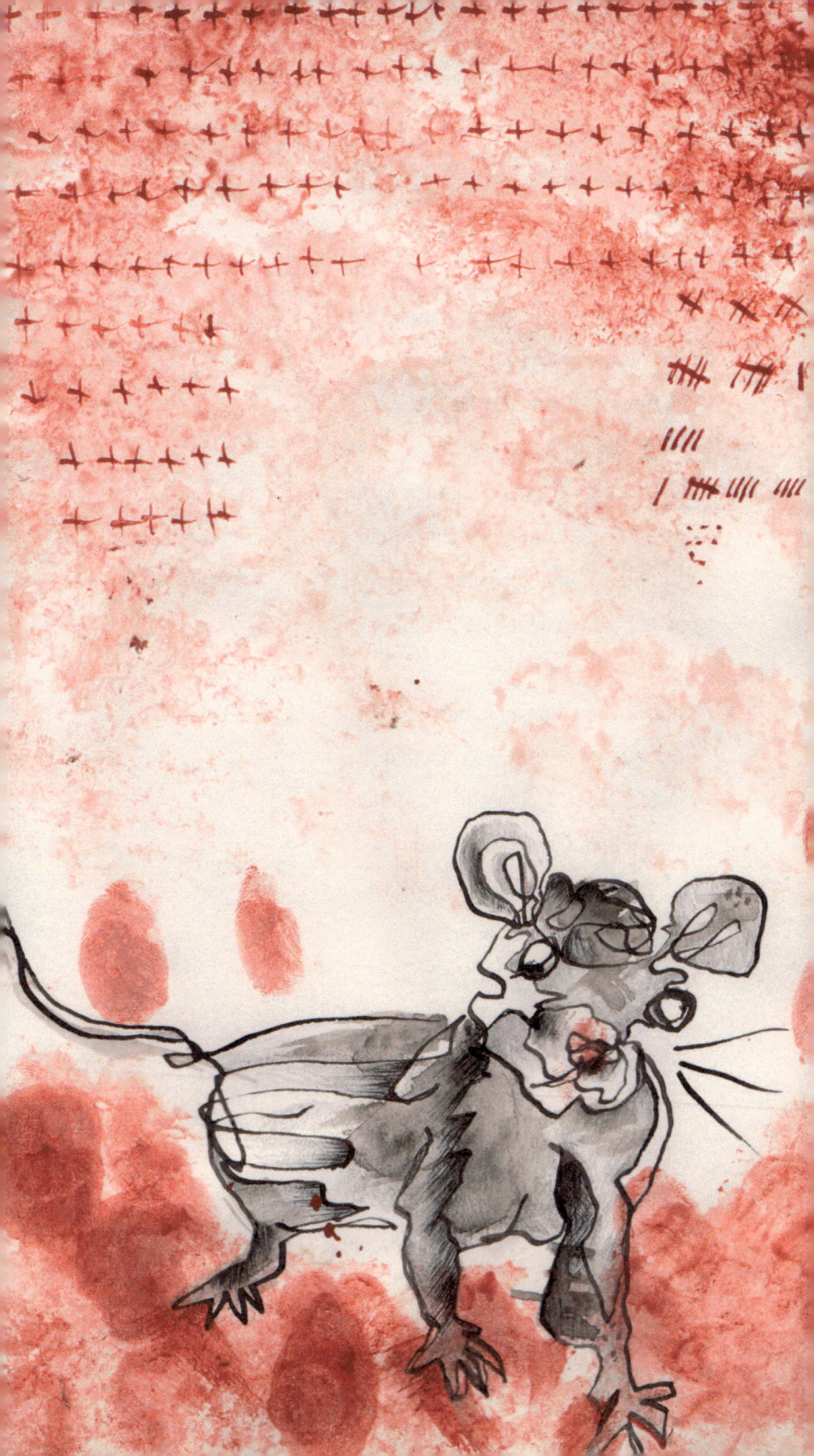

**HUMUS** En las fauces de pan


Preparé tu llanto amasando harina

de siglos de tropiezo y tradición,

reunidos a la mesa celebrando

el hambre ordenada en las croquetas,

el hipo dulce de la rima tímida,

el tristísimo acierto de la moza

que ovilla gatos muertos y arlequines

y entiende que la mente es un ventrílocuo

que habla por encima de los hombres.


Preparé tu esquina enhebrando sexos,

descosiendo pistilos, mereciendo

merecer la edad, ser en las vidrieras

la santa dicha, santísima y fiel

a la amplitud de tu sangre, en el eco

con dulzura avanzar en un latido

humilde, como el juego de canicas:

todas diferentes y redondísimas,

con tanto tacto triste en el tablero.


Solo trato de enseñarte mi duda,

que puedas caer libre,

solamente caer:      sin un      reproche.

**INSECTO** Es roedor de medianoche

Como roedor de medianoche accionas
aparejar angustias de este muro de tierra
removida, esta tierra que palpo y multiplica
el baile demorado de tibieza.

De nervios pulcros vives
una pena ordenada,
en este cuenco de arcilla tu voz
nómada viste, acusa
el sonido de un cántaro.

Roedor de medianoche
(insisto) en tu ronquido
de tráquea triangular,
de *gustarez* pequeña,
lanudo cabezota descarado
devuelve a tu tristeza la palabra,
desgira el giro pronto,
admite en humedades el pantano,
insectos que se cuelan en la boca,
desdícete el poder
de un nido, desova improvisándote
antiguas las lecciones de tus genes,

con canto inaccesible de sirenas

engaña a tu adoquín:

feliz constructo propio.

**Gestación interior 2**

**JAURÍA** En este mundo posible

La distancia imposible entre mi hueco y
la calma monocorde que murmulla
maullidos de tibieza, tonterías
de cien titiriteros que no entienden
el cuerpo y la caída en voluntades
volátiles, pequeñas, de salón.

Los cuerpos arrojados: capital
de falsas marionetas con acordes
agudos de carácter bien dispuesto,
pobres y de verdad
pobres y de tan solos,
unidos en su éxtasis de nada,
unidos al pequeño estruendo dulce.

¡Ay! Dime todo este tiempo hacia qué,
en qué dones angustias tus afectos,
la sed en la distancia a tu edificio,
qué ácida la luz,
intenta pasos, dudo:
¡qué frágil la memoria!

Hay ramas cada día que nos nacen,

que agotan la raíz y esquejan horas,

pero dime, ¡ay!, este tiempo hacia dónde

agota verticales de cariño,

en cuánto los cuidados nos escinden

en urnas de cristal, cauterizados

los años, los eneros y la fe

febril, furiosa y fucsia fagocita

discursos sin comer, crudo y cocido,

origen donde hallan las semillas

de tantos, tan erráticos aciertos,

de tanto aprendizaje sin saber

si hemos aprendido o escogido

caer tumbado o no,

caer de pie en la hora más discreta,

erguir lo decisivo, desdecir

la norma de la culpa o quizá

      no haberse oído tanto,

      callarse bien, al tiempo,

      poder moverse un poco.


Y, sin embargo: afónico el raíl,

afónica la fe que ordena el hambre:

concédete la duda,

concédete la calma toda y calla

o quizá no. Concédete el aullido.

**Koiné** La memoria afónica

Tengo esta afonía discreta
de pasos cortos,
este no entender dónde está la tribu
y dónde el fuego que nos cuida.
Un tic-tac tintinea,
activa el tacto,
tildando tristes notas
huele el silencio,
olores son los otros:




la piel sin otra piel
solo es coraza.

## LOCALIZACIÓN Hüida

Hay un ladrido de hierro
forjado en un azar de hambre y llanto,
un ladrido que escancia en esta sidra del pecado capital,
esta huida clara hacia delante.

Nombramos la escasez del hábito,
liquidez del deseo pinzando en el costado palabras dichas,
alisamos estas sábanas comunes
de tanta fiebre vieja,
de tantas ilusiones que no accionan
instantes yuxtapuestos con la sed
de los presentes yermos
verde musgo,
sin culpa, creciendo al norte, lejos,
al lado de la sombra y la humedad,
tan lejos de la lumbre.

Entonces el aullido perfilado
oxida los tejados con vítores de hollín,
empapa sus sudores en ceniza:

jauría que no acepta los preceptos,
que afila a dentelladas siluetas

de nuevas

      buenas

            hordas

                  por surgir.

**Lluvia** La piel de las tabernas.

*Soy yo la que siempre sueña las cosas*

Xavier Martínez

Entiendo tu preocupación, es lícita:
¿con cuánto cambio vives, lo has pensado?


Perderse en el envés,
lustrar alcantarillas,
rajar las suelas limpias de alquitrán,
qué dulce la atadura.


Y dime,
¿en cuánta tos tenemos nuestras fiebres?


La piel que es esa máscara del hábito,
que acierta lo que oculta, tan leal,
el pico-cuervo pasta con la peste,
en pronto qué tan pronto los pecados
son nanas, pesadillas de almirantes
muy rectos, bien vestidos en la luz
que oculta sus caricias,
tan discretos
salvando coordenadas, meridianos
con mapas de absoluto indescifrable

y
¿es lícito el desecho?

**MURMULLO** Un esqueleto

Tengo un orgullo lento, de piel de luna simple,

de pausa o de batalla que no inicia

y especula en un instante de tu olor:

zozobra de esta tierra limitada

en este mundo raro sin caminos,

en este nuevo mundo

sin contexto que amorata sanguíneo nuestras dudas

y río como niña entre cristales,

ocultando en la oruga la caricia

de esta caja blanca y a deshora,

como un reloj raquítico que duele

su paso solitario en la ciudad.


Y canto siempre alto: a buen volumen

destrozo sintonías

ausentes del cemento,

se pierden en las puertas,

en los rellanos, antes de decir

auxilio, antes de llegar

a este punto absurdo

donde dice, ay, la mirada dice

gigantesca en las ruedas de molino

y

comparto este paisaje terco.

Esqueleto de tierra que apuntala distancias.

Tengo un miedo pequeño, de noche a medio día,
de manos piel de miga, de hambre gula,
diario seco
en sabor a ceniza y miel,
en este viejo miedo que me mece
mis nuevas lijas arduas de silencio,
qué llaga próxima,
qué aliento seco:
me siento espantapájaros
mirando en la ventana su vuelo conocido
y su derecho al aire,
agreste pirueta que sigo con los ojos
y me abrazo a la holgura de esta soledad
y rompo un verso cierto
y
me paro ciertamente
en el                                    berrinche.

Cuentan restos de vidrio sin templar,
brindis fallidos,
qué cal
al abordaje más urbano,

pianos que no afinan la sintaxis,

que bajan con las comas apagadas

y en diéresis aciertan en los juegos

de azar y hambre, dudan

signando por las puertas de los bares

las grutas que alimentan esta sed

y cifran con el pan y la palabra

un hueco que nos sienta en esta mesa,

tan juntos de razones que susurran:


bebemos

celebrando lo auténtico de lumbre,

hogar del marinero en su taberna.

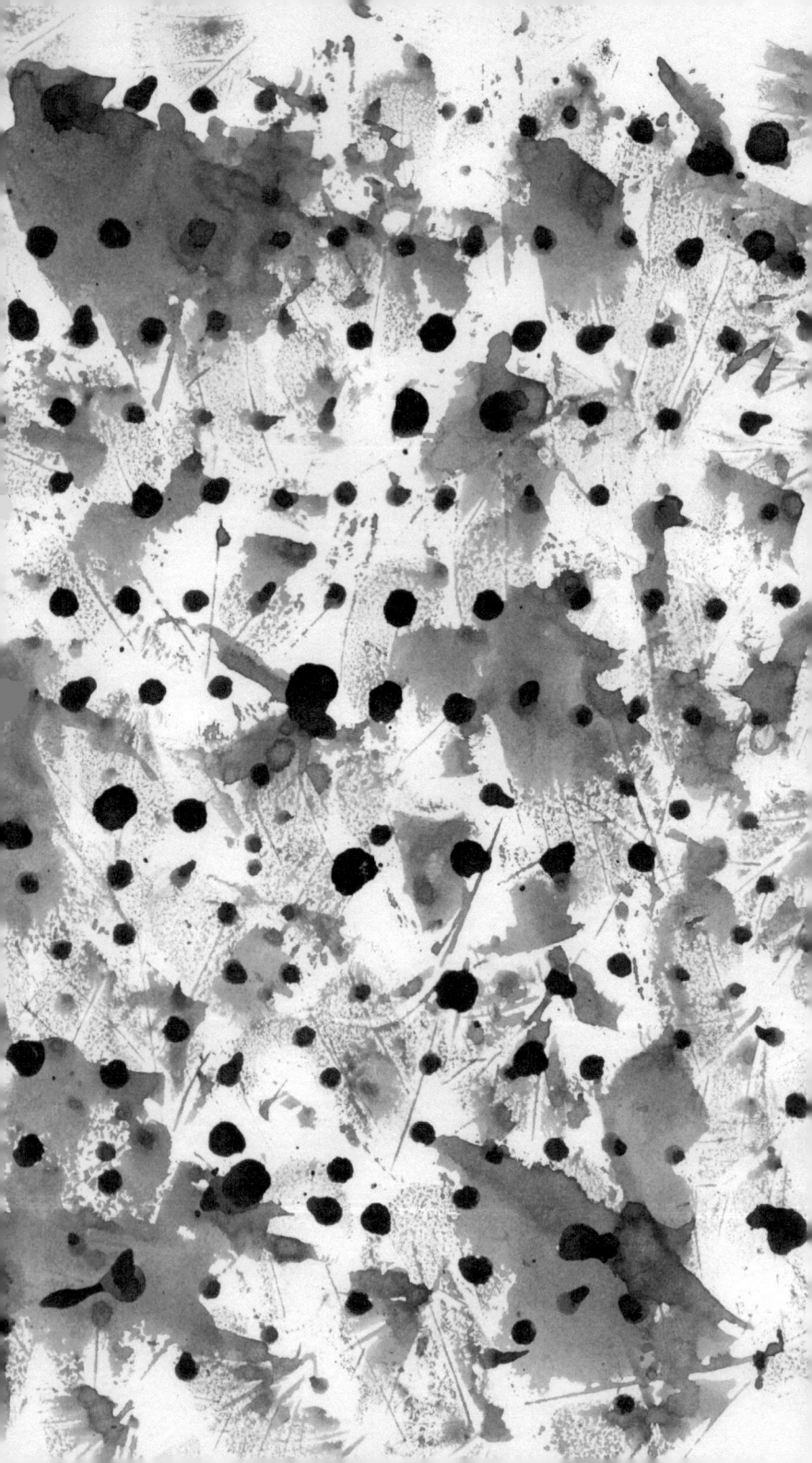

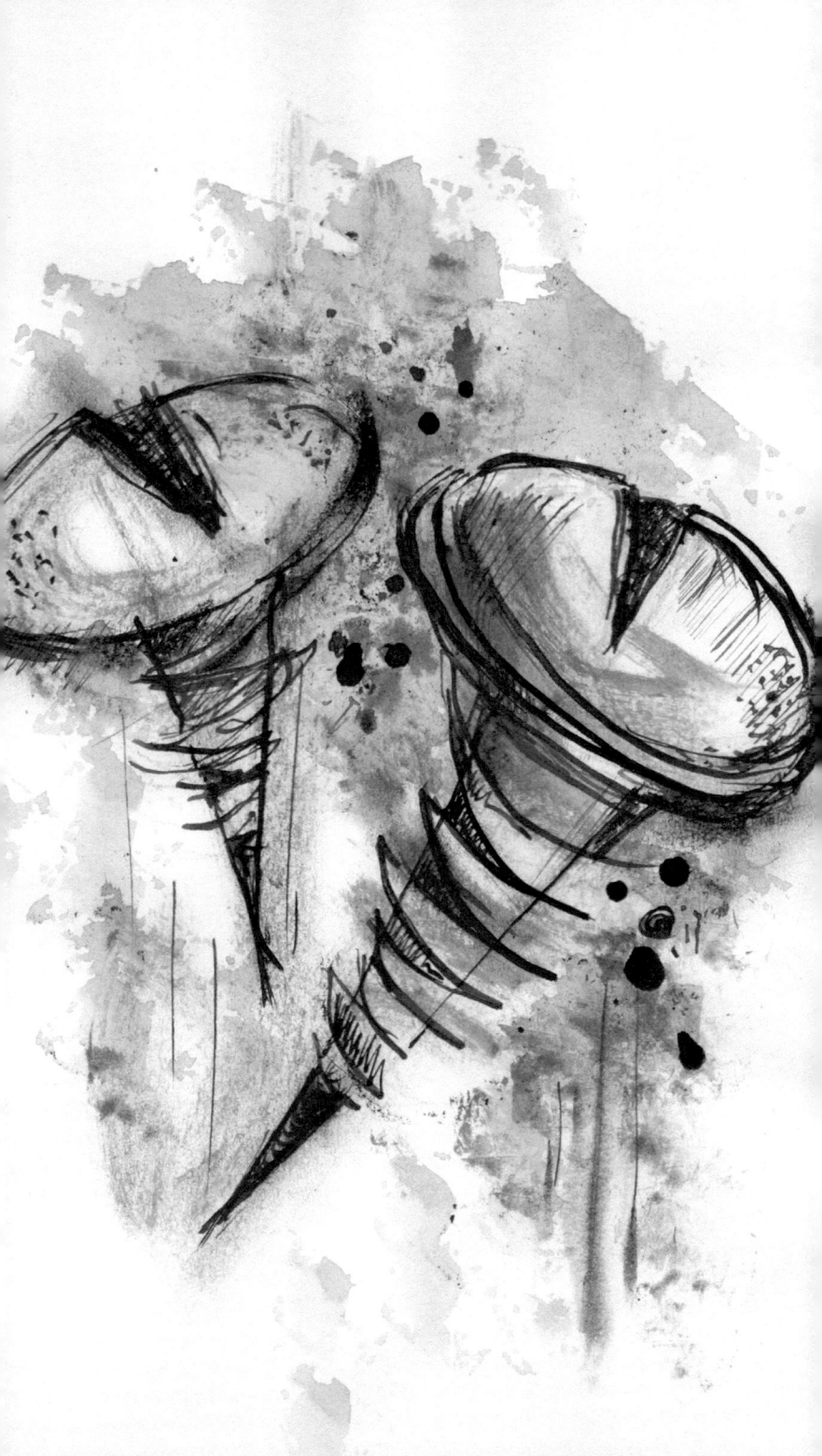

**Nana** En conflicto de notas

Cual tornillo de óxido aquí en la cuneta
¡qué silencio!
Cojea este tornado de pleno cascarrabias,
encogiendo balances,
bosquejando doctrinas,
un calambre formal acusa el vientre,
acusa esta fertilidad, gorjea
alegórica ¡ay, ay! Cuánto encierro
que dice quienes somos.

Cual planta de interior que pisa en la intemperie
¡ay qué luz!
Con cuánto carnaval desoigo cicatrices,
no asumo consecuencias,
escribo porque puedo, escribo porque digo;
mira, no sé,
me sobra des-humor,
me sobra humedeci-
dorsal a media asta que dicta el estandarte,
quebranto de hospital en pleno invernadero,
de diestra-zurda asumo:

no ordeno bien mi hambre,

reasigno los candados

de tanta tierra gris

y vendo estos anhelos a buen precio de saldo:

¿compra usted?

En cuanto a quién diciendo:

ni digo lo que digo ni digo lo que pienso,

ligeramente dulce,

gorjeo carantoñas, arrullos y caricias,

murmullo de verdad

y digo bien (y tres), gorjeo

con gusto los latidos de astillas

y, extasiada, evidencio mi traje de chaqueta,

mi máscara de invierno,

estable en el discurso que apenas yo confirmo.

Me sobra identidad.

**Ñizca el cariño que suena**

Conozco a mi estirpe, somos
las de las manos frías,
las de los ojos descerrajados,
solitarias temblamos la distancia ocultando residuos,
erguidas con tono de solemnidad y pulgas,
a pesar de todo
militantes del blanco nuclear
y tan tímidas, timidísimas en raíces azules
carentes de alimento.

Poseemos la cura
de irrealidad,
acostumbradas humildemente a la *sacerdotía* de la carne,
la piel translúcida tejiendo a semanas vigilias sonoras,
tan rítmicamente,
tan rítmicamente
tejemos, tan rítmicamente
ocupadas con letreros apagados, con neones de farmacia que
                                        [no brillan,
cruces de sistema hexágono-decimal y, no me importa,
                                        [nos reímos,
somos tanta impureza simultánea,
somos tantas.

En la quijada de las fauces de lo adepto

caemos presas, dulcísimas presas en el anonimato de la sed

[que no encuentra fin a esta cuestión

y te preguntas tú

y te contesto yo, certera, esta otra duda:

nos hemos coincidido tanto y aún ahora, nos hemos conocido

[tanto tanto sin sabernos,

que cuánto miedo da la identidad si la parcelas

y cómo abraza el río conocido.

Seguir hacia la forma, salvarse estando en ella, lechal de suelo herido.

El cuerpo hilvana afectos, en su estructura grito y gemido, hilvana biográficamente la caricia, espuma una rabia inasible, sin poder el vuelo, sin poder la inclinación al salto, caer a salvo de ruptura en el cartílago, aceptarse en la arritmia y en el tiempo.

Animal hambriento y afectivo que saca la garra y despelleja el cuerpo propio, que se enciende una hoguera en el estómago y tiene un llanto de vinagre y una tristeza de vientre y asoma un brillo seco en sus ojos. Esquina en un cansancio gutural.

Y crece esa hoguera y se atemperan los pesos: defensivo se cambia de postura, acepta la descamación de la matriz, la piel que grávida confiesa el estorbo de los años y, criado en lisonjas y especias, en fragancias de verbos de todos los sabores y todos los encantos, acepta la carne vieja y dura, añojo de puchero, y lleva en su recta de presente la manta sin el frío, reconoce la finitud del salto al artificio y, aún tan saludable, se talla en la insistencia un tacto muro.

Animal de incendio en lluvia a medianoche, silencio en su gorjeo, luz cíclica y temprana, altiva estatua en sal, anhelo de los otros, maniquí enarbolado que efímero se llega a la caída, esqueja sin raíz, desoye aún en golpes de pared la voz que no estructura, ignora la palabra, el verbo que es eterno, la magia de ampliar sin cuerpo, manos, boca.

Sin lengua y sin saliva, con términos que son ya lengua y ya saliva, ya campo fértil, dicha, delirio de desierto, fugaz punto de vista, febril punto de fuga.

Y acaso movimiento, bombillas con ojal que aprenden y en las definiciones incluso sobreviven, sintácticas, al tiempo.

Enciende.

La lumbre entre los términos.

## PALABRA Cerval

Se me abre la certeza de habitarme
de paz inexistente,
mitad mordisco en carne de hormigón,
mitad serpiente dulce que aproxima
con este almendro nominal
que sobreviene en sobras
que sucumben, serviles,
a la soledad y al siseo.

Se me abre la corteza y digo que:
el pánico es cerval,
dulce el entierro,

una sardina tosca nos constata
ataúdes, disfraces, rito vivo.

No vemos que vivimos, nos vivimos:
Medusa en cien mil bocas afilando.

En esta dicha-raíz que es el tiempo
me desespero orgánica el reloj,
pauso estas horas
y muerdo el pico en estas ramas
con su duda sutil.

Dictándome      impura

al grito

sobrevengo.

**Gestación interior 3**

QUIEBRE Dios no entiendo

Dios, no entiendo
la invención del útero, la voluntad de maternidad
si luego creas la podredumbre.

Dios, no entiendo
el final de la luz tan temprano, el descanso obligado del invierno
si luego creas la finitud.

Dios, no entiendo
que los insectos no se alimenten de leche,
que la polilla no nade en un recipiente de leche
y vuele siluetas semitranslúcidas de leche
si luego creas la electricidad
y la industria.

Dios, no entiendo
la invención del deseo, la contradicción, el impulso
si luego creas un espacio limitado para el vino y la celebración,
un espacio limitado para el vino y la creación
si luego creas un horario,
creas un horario,
la obligación de la rutina.

Dios, no entiendo

por qué este miedo de pan,

esta geografía de barrigas hinchadas

diciendo hambre,

este ultramarino de variedades y sentimientos etiquetados

si luego inventas la gula.


Dios, no entiendo

por qué el mar y su infinitud al vuelo

si luego inventas las cuadrículas,

el papel formulado a la línea.


Dios, no entiendo

por qué la invención de la infancia

y su fascinación occidental de colores y azúcar

si luego pactas el ocio hacia su negación temprana.


Por qué la polilla, Dios, sin su sombra de leche.


Dios, no entiendo

por qué inventas la conciencia


y nos dejas solos.

**RAQUÍTICA** La rareza de los serios que corren

Te espero en la cocina
—me dijo
*esta* hambre voraz que me entretiene
que—

hago una vida extraña y
en meñique anular de corazón,
percuto
un
índice
equívoco
en los raíles.

Yo
hija de madre y padre cojo, suelo
salir corriendo pronto,
caer las dudas tarde,
ducharme (lo normal),
tejerme entre vaivenes decididos
a dar dado a la dicha y celebrarme
en negro sobre blanco la locura,
disimular o al menos intentarlo

fingiendo aciertos

en fe de la palabra          silencios a medida,

un traje azul de nadie

guardando un gesto serio.


Hago una lucha extraña entre normales

caminos que interceptan nuestras vidas,

de nueve a cinco escondo mi rareza,

de siete y media a diez prendo una luz

que nace en la extrañeza y el asombro

de preguntar buscando preguntar:

dictarme los defectos, sorprenderme

gallega sin saber de dónde vengo

a dónde, de qué mares, qué sabor.


Enciendo nuestra lumbre,

recito nuestra tribu

y me agarro a las bocas que lloran lo que mueren,


*qué rápido el fusible,*

*qué acierto nuestro tiro,*

*qué libre nuestra fe.*

**Sonido** Los caminantes. Hotel A Media Dicha

**I.**

Hay deudas sugeridas y dudas sin nombrar rompiéndonos las

[noches

y gime honestamente nuestra piel

anclándose en la envidia de las madres (de sal)

que mienten, giran, ciegas al llanto de sus críos

e insultan los silbidos de la casa,

del somier alquilado en estas fiebres.


Son tan precarias las caricias,

aladas en su fe, intermitentes

fumando cigarrillos,

contando transeúntes

que piden lo que tienen gritando en la palabra,

esta gota de envidia,

su pico en nuestros ojos,

elijo tu sudor,

poema enamorado de ciervo y de provincias;

que rabien estas perras,

presumo del capricho de todos nuestros tactos,

me asalto en esta sed

insomne, en esta dicha: deletreo

des-pa-cio ( m u y  d e s p a c i o ) y sin final

la luz inesperada.

**II.**

(          )


es demasiado hambre para estar

la tenue curvatura de tus miedos

pone en duda la línea al horizonte

que quisiera cumplir

la expectativa nace

aquí

                       y aquí tan indiscreta

biológica

animal


es demasiado tiempo sin tener

el vientre nido de la duda

                       y la colmena

deshabita edificios en su estado

natural

como de ahora y yo no sé

qué identidad qué mesa

ni cuántas patas

para esta ruina

                     nueva

**Terreno** Horario capital: diálogo común de 8 a 6.


No

hay museos para los misericordiosos,

quedan a merced de ese ministerio,

el de las musarañas,

musitan maravillas los mártires del hábito.


Cual murmullo, el del mentiroso

que cuida mandrágoras hambrientas:

su fin está cansado.


 Y yo vuelvo

       la palabra no alitera alud

común de 8 horas a 16

       cae el estornudo

de 16 a 20 tiempo a tiempo

el agotamiento es una connotación estética

       no digas más

estoy segura de que la connotación estética

       no digas nada más

estoy segura que

       un agotamiento

digo

       las ojeras

digo

    hay labios que tosen ceniza

digo

    no digas nada más

digo

    era una curvatura de adverbio intransitivo

digo

    faltan comas para precipitar

    el agotamiento suspensivo de un maletín

digo

    un afecto trajeado

digo

    se abre el ascensor.

**ÚTERO La claridad:**

Tiene el bebé entre puños
la soledad antigua
que es apenas patria y hermandad,
aprieta terco el aire, recoge el vuelo en pie
de nuestras dudas,
maullido de los trenes siempre abiertos
al sueño y a las prisas
en este escaso azul,
desconocidos que se abrazan las gargantas
para parar la luz de su suicidio.

Ríe el bebé entre sus lágrimas,
                          la concha de cristal
                          la buena herida:
obliga al otro su atención,
y recoge la sed de los inquietos,
no se hace cargo de la fe.

*¿Recuerdas la familiaridad*
*recuerdas, dime, la huida?*

El bebé tiene esa memoria exacta
que hereda de las cosas,
memoria de canela

y voz en cada desierto, sus manchas

geométricas de antojo

        un mapamundi de las dudas,

del esqueje que cura variedades:


sí conocen los niños el otoño,

su enjambre que precede

a la caída, les nacen los dientes,

por eso lloran

en raíz de lo sólido

firman en el hueso su posición

                de futuro

        a diluir

insisten en la fe

y nos miran con una inteligencia      a punto de acabar

dictados de costumbres en la norma,

saltando ríen el camino,

dan saltos en cursiva, inconscientes

de citar la alegría de otros críos

hoy calmos, de mentira, enmascarados

crecidos ~~(en los salmos)~~, siendo adultos,

rimando sin rimar, qué duda es está,

despega el vuelo afín,

cierra un domingo,

el niño en un rincón ya castigado

a ser mañana fe uniformada

al duelo,

a la prisa

y al reloj.

**Veneno** en la grieta

Y si existe una grieta,
sí: existe una grieta construida
con la fe de los siglos rotos, muertos
acumulando sangre,
acumulando historias
que terminan **aquí.**

¿Lo recuerdas mamá?
¿Cómo callamos notas a esta casa de sed?
Esta hambre de afectos nacidos en las fábricas,
nacidos en tejados grises hieden
cúmulos anaranjados, tan húmedos,
tanto vaho que vertebra vertical
nuestros humores,
gruñen
guturales
diciendo          buenos días,
diciendo          indiferencia firma **aquí,**
con saldo insuficiente la distancia,
la mecha enciende al fin la finitud.

¿Lo recuerdas mamá?
¿Cómo peleábamos los finales?

Tú morirás primero, solo quince minutos,
el tiempo que naciste antes que yo.

Con qué sorpresa el búnker, con qué sospecha el filo
en la caducidad que corta aquí:

qué van a hacer los siglos con tanta hambre
en conserva, con tanta paz ahora
que nadie,
que nadie se para a mirarlos,
que nadie

se para.

¿Y qué si el tiempo existe?
¿Lo recuerdas mamá?
¿Cómo nos criaste sin distancia?

Mirar tan *lejoel* libro, caer el árbol,
las niñas que no trepan,
que no lloran la herida, tan miopes
de escoger lo cercano al negro letra,
como cueva cambiando los sentidos,

un vértigo cojea en cada vértice
de andar despacio y poco entre los huecos,
mirar gerundios raros en las fábricas,
jugar así, jugar en pequeñito
y ahora todo
y todo
y todo en la ceniza, otra vez.

¡Qué hortera el fin del mundo, cuánta lágrima!


Abrid cada botella,
verted un vino tinto,
manchemos cada piel
de la decencia sucia,
que cansa tanto axioma
con su cuello planchado:
quererte pronto o bien,
querer quererse fácil.

¿Lo recuerdas mamá?
¿Cuánto temor al abandono?
Tranquila,
el viejo mundo cae,
no quedan grutas,

profética verdad hazme un café,

bebamos esta sopa, parte el pan,

recógeme las migas de este susto,

cantando el fin del mundo en esta luz

de tono incandescente y artificio.


Que nadie qué,

que ahora qué,

que qué ahora que todo está

parado.


Que qué ahora que todo está          cansado.


Y todos a la vez brindamos este acierto

de despedirnos juntos,


                    simultáneos.

**WENDY** Somos ramas

Te cedo el cuchicheo
que se escapa, así como entre mis manos,
no es higiénica tanta curiosidad;
los labios así, rajados, así como de frío a estos quinientos grados
                           [de falta de temperatura exterior,
me estoy arremangando la piel: quién la quisiera ahora, quién,
                                 [quién ¡dime!

Soy una mueca, un revoltijo: así,
muy de amalgama coqueta, que es decir garabato, borrón, lápiz
                                 [sin tinta,
grafito, grafito de miedo, de nervios que pesan y aúllan
Artaud.

Así, tan de psicoanálisis en paro, en velocípedo hacia los postes
                               [telefónicos del sur,
gaviota de secano en patas de alquitrán.
Muerdo la pulpa dulce y todo su color me llena en el goteo,
cuánto pigmento puedo morder antes de ser propiamente
                              [pigmento todavía,
me he arrancado poco a poco y, acertada en esta tela,
dibujo siluetas de orientes conocidos y asiática disculpo delicada
                               [en estas cuentas

de andar de sabandija, en cuello de reptil que acerca, sin llegar,

[el cuerpo un poco antes,

desespero mis plumas de almidón conocido, tubérculo morado

[que crece en las afueras,

tosido de balcón trepando en el ladrido de un perro a media tarde.


Y me calmo ya un poco, un poco levemente me quedo en este

[quicio,

en esta puerta roja que abre la osamenta, que cuánta arqueología

[se esconde en el ardor

de un hambre mal narrada.


Me vuelo al diccionario, así,

con tanto orden lógico que no se corresponde

y busco precipicio y poco o mal recuerdo el orden de las letras;

qué fácil es perderse en la discografía de todos estos llantos,

me alejo con cuidado de las cosas que rompen:

las fotos,

las palabras,

aquel maullido cojo que guardo en un rincón.


Y vuelve este silencio de marcha acelerado y poco y mal jadeo

y así, con inventiva, escojo los sucesos que pecan de correctos

[en esta biografía

que, por bajita y simple,

se narra saltimbanqui y nada y mal creíble: se busca ejecutor.

**Xilófono** Somos sed

Hay una caldera precisa
—esperando el momento exacto
de destrucción—
que contiene en sí todos los colores,
como si en un espejo de arcoíris
guardase cromático un fin absoluto
y todo el lenguaje que conocemos
      fuera a ser nada
            en la piedra amarillo fin
                de Yellowstone.

Hay tres focos de muerte esperando
estratégicamente dispuestos en el mapa,
mientras muevo la cucharilla en el café
      reverberan sus tripas cálidas que deciden
            la suerte cronométrica
                de tus futuros.

Somos
el reloj y los pulmones.
En macro la Toscana colorea
la Caldera de Nápoles que contiene, en un salto,
el estallido de la lluvia roja,
queda calladamente la bruma de gas petrificado en permafrost

a un vuelo de Siberia

y, pese a eso,

el tiempo tiene tiempo para el fruto.


Visita cada ciervo

el centro cívico de la ciudad.

Ninguno entiende nada

y vuelven, derrota de cornamenta,

huidizos a la espesura del bosque.

Confían al volcán la destrucción

esperando el momento exacto

y no nos compadecen,

ruegan su sed.


En meses con cristal nos corre el tiempo.

De lágrima coetánea, la sinestesia

escoge laxos líderes de liquen,

leteos de salón acostumbrados

a echar hielo a la boca de los muertos.


La tierra hecha de huesos que nos baila

contiene aún el incendio primitivo,

un síntoma de vida

que no incluye

la mano prensil:

tan fácil nos cansamos la materia.

Supervivencia de bondad.


Qué queda en la palabra que se quede

fiel, firme y fácilmente en cada roca,

qué grito nos recoge en este imperio

que tan tímidamente nos conquista,

quién puede ya el lenguaje. Qué.


Me alumbro ya en tu lumbre,

construyo el cementerio,

entierro en este parque «el testigo»:

sí, nos mezclamos todos,

no todo fue a destiempo,

nos quisimos, incluso.

**YODO** Somos lodos

Tengo los ojos enteros de agua,

llenitos de más de agua, como en dique.

Dice mi oftalmólogo que están retirando la visión central,

así, de tanto mar que no se corresponde,

yo, que no sé nadar, tengo los ojos ahogados.

*¿De qué?*

De horas,

tengo los ojos preñados de máscara,

tanto que se están hundiendo como a mí misma,

no es que yo tenga los ojos llenitos de lágrima, entiéndeme, no,

a menos que la lágrima se quede en conserva, como adherida,

más bien es que están llenos de fango.

*¿De qué?*

De fango, de contacto, de lente de contacto.

*Ah, es eso.*

Sí, eso es.

Tengo los ojos empapuzados y llevan maquillaje.

*¿Maquillaje?*

Sí, maquillaje, son ojos con escamas,

les dicto brillos,

ahí crece mi armadura.

*¿Y así ves?*

El qué, yo veo lo distinto, pero no por miope,

no, yo veo lo distinto por pesada, sí, por pesada.

¿No sabes que soy muy pesada?

Pesadísima.

¿No te digo que tengo los ojos inundados de horas?

Son horas con escudo, eso sí. Me dan pena las gafas.

  *¿Pena?*

Sí, pena, como en las telenovelas.

Yo veo distinto porque miro.

  *Oh, ya estás hablando raro, en rollo biblia o moraleja*

  *[(y en demasiado ego).*

¿Raro? No, no es raro. Lo raro es que los ojos se llenen de agua,

  [¿no crees?

Que los tobillos se llenen de horas,

que las distancias cambien de medida.

Lo del ego, seguro.

Cuánto pesa la palabra para tener tan solo tres letras,

tan solo tres,


tiene un peso de titanes, un peso cosmológico, ay, la palabra

ego, decir debemos que también hace sus horas, claro,

y nos sienta en interrogación.

  *Sí, sí, bueno, eso, tienes razón, esto no es raro.*

Raro de raíz es ser,

eso ya es meritoriamente raro, somos casi

auxilio, tránsito, somos casi

accidente.

Yo no sé.

Mastico con mis manos los términos que uso,

supongo que más bien debe ser que veo en escafandra.

Mirar es entusiasmo, ¿sabes?

A veces se me olvida.

*Sí, lo sé.*

**ZARPAZO** cantan dudas.

Poder reír al margen de esta duda

en un papel pautado,

descentrando la línea del acierto

en esta esquina,

sellando con la goma desgastada

el fin de la memoria. Al borde vertical

y con sangría

y letra capital que agranda en estas tapas

de lija que me rajan en la boca

y en esta mano triste que abandona las teclas

y tiembla en la torpeza.


Sin acentos careces de sonrisa,

te coses en los labios accidentes

y algún que otro logro

en borde del papel milimetrado

con lápiz hb,

temiendo triste un trazo tan mediocre

te arriesgas en silencio,

construyes siempre así, en el anonimato,

Ilíadas modernas al canto de sirenas

(tan letradas),

al canto de esta piedra que es el río,

caudal de sed y cielo que puntúas

erróneamente y tan atribulado,

negándote la piel, sueños de sal,

bocetos que no aceptan la palabra,

que nos nombran pidiendo superficies:

me pierdes sin el tacto en esta noche,

qué sordo es el aullido.

Aquí tu duda, todavía.

**I.**

Mi cuerpo es un balbuceo

en sintaxis desordenada

con el gemido moral de la culpa,

separada mi piel de la boca que dicta

y se escribe tropezando las letras

para decir, sin decir, todo eso que sabes.

## II.

Aun siendo siendo siendo profundo escalofrío,

catalogo la adecuación de mi entusiasmo:

una admiración de más aquí, ¿cuánto alargo este silencio?

¿es extrema esta alegría?

Me has pillado:

aun siendo siendo profundísima e inteligentísima y

tan tan falsamente educada digo que

y no digo cuanto puedo.

Escribo a cada eco y nos pregunto:

¿llegó el momento ahora de serme indiferente,

de rodearme quieta con lenguas de cristal

en cada lodo unido que avisa en estas aguas,

pantano que no dicta ni escoge en la vergüenza,

y afinca en esta diéresis su timidez precisa,

que atiende en estas horas y ata en el deseo la mordedura dulce y

acepta en la distancia el tiempo del aullido

y se afecta en este extraño hecho? ~~Respira~~. Sentirse enamorada

de la idea exacta de lo que sabemos pudiera ser                    o no

si en esta confitura que endulza los deseos

surgiese un tiempo lógico

y cuántos alaridos alternan estos miedos con el telediario,

y cuántos con el pecho a cielo descubierto apagan la caricia

y    tan    co-rrec-ta-men-te      se adiestran en lo ético.

Correcto escalofrío al miedo que dicta lo real:

ah

¿quién vive en estas fiebres de absurdo paralelo?


Aun siendo siendo siendo tan profundísima y tan ética y tan

[moral,

aprieto en estos muslos mis ganas de placer

y poco y mal reinvento

deseos conocidos.

### III.

¡Ay! Cómo reverberan los relojes,
cuánto eco hay aquí,
cuánta techumbre es cárcel,
con cuánto miedo alzamos esta fe,
a cuánta lejanía resistimos.

Te admiro así, tan cerca y digital,
te beso muy despacio en estos audios
con este tacto vivo hasta los ojos,
perdemos el olfato y
pactamos las caricias
en esta luz temprana que no llega.

Y me enamoro así
y así me duermo sola,
con sábanas que aciertan estas fiebres
despido este lenguaje
y pierdo la sintaxis: guarida conocida.

Murciélago nocturno,
recuerdo mis insomnios de niña adolescida
y me coso a esta voz
un silencio discreto
que te besa sencillo y tan tímidamente
sabiendo que es posible.

Incubación

## Día 1 La cursiva

Esta hogaza de cal
viva, estos cansancios gramaticales:
es la edad (no), lo común (no).


Te digo: es fidedigna nuestra pérdida.
Te digo: nada     nunca     es     verdad.
Mejoras los presentes
nota al pie,
es prolija nuestra duda y tan críptica,
como de mosaico-azulejo, como: cuánto-vértigo-la-identidad.
Defiendo la forma geométrica,
el desierto (dice abstracción, dice nunca más, dice nunca más la
[silueta, ese vértice),
la cursiva apolillada justifica
la sensación sin cerrojos, de absoluto:
y     no     quiero     que     entiendas     nada.


El vapor es húmedo, húmedo el poema ¿qué poema?:
no quiero (no) que entiendas todo.


Cada sílaba es tesela de acierto de otros, sospecha o
lugar.
Mírame: cómo te explico la luz,
no quiero;

cómo el prólogo de una vida,

no sé;

ordeño las preguntas, recolecto las preguntas,

son los frutos.


Cómo te explico: no quiero entender,

busco

solo interrogantes, (no quiero) solo hueco-nido    en    el    pecho

                                                    [        que        decide,

todo pasa por acordar concavidades, texturas contrapuestas en

                                                    [difusa irrealidad

(no).


¡Mira, cómo crece! Son los grillos, el enjambre indigesto:
muévete.


La miel y su murmullo en

memoria de abejas reinas, esta sed

silencia este amarillo roto de cien trompetas,

esta

esdrújula

oscura

histriónica

gotea:

¡cuánta luz!

No sé cómo encenderte en esta paz

que justifica          en esta huida.

## Día 2 El nombre propio

Digo esta raíz de hueso abstracto,

supongo un cuerpo que sostiene

el tiempo y la matriz.


Los insectos son siempre inesperados, pero no,

hay grillos y cigarras

y montes mal saltados por el eco

y rocas con su musgo que acaricia.


La luz en la pupila es un zarpazo.


Convoco

la caza temprana de lucha tensa y carne de abeto,

de piel a dentelladas

que esconde en madriguera

receta en piel de cardo

y me llena la copa

de este brindis que pauso en sed de uva.


De pico entumecido alumbro, desovillo

posibles nombres propios,

recojo la vajilla alicaída de tanta fe en desuso,

te llamo cerrando fuertemente los ojos,

tan tan fuertemente los ojos,

fuerte muy fuerte, muy muy fuerte,

más fuerte aún, aprieto.

¿Has visto?

Estamos rodeando esta higuera de piedras,

guijarros secos e instantáneos como es la eternidad.

La llaga detenida —dices.

La llaga es llaga solamente, amor —digo.

Qué pleno es este gozo. Me quedo en este instan-

te quiero confesar


ternura

¿acaso existe aún?

Echemos algo al guiso de este pacto,

ternura y una pizca de tiempo imprescindible,

la noche siendo noche

con todo su jolgorio,

total luminiscencia del pelaje cian

que supervive a esta tribu que amansa

e intuye                                        el salto.


Excreto leche en mi sudor,

es fresca y magra y viva:

dime, a qué crías alimento.

**DÍA 3** La cría rosa granza

Me pregunto cómo son los huesos de un ornitorrinco bebé,
cómo el pico.

Busco ornitorrinco bebé,

es curioso pensar

que no todo lo que de huevo nace

vuela o repta,

que no todo lo que de huevo nace

es solo viento o mar: también escarba,

escampa raíces,

cuelga                              un retrato,

separa en habitáculos su afecto.


Busco ornitorrinco bebé,

el bebé ornitorrinco y su esqueleto,

pienso que qué hay en mí tan averiado como para buscar en

                              [Google «esqueleto de ornitorrinco bebé».

Veo una cría, es muy rosa, muy muy rosa, rosa granza,

                                        [rosa genuina,

rojo con brillos de amarillo cadmio, de amarillo bismuto y

                                        [blanco zinc,

rosa muy muy rosa, como si saliese así desvestidita de identidad,

muñeca de trapo,

un pico en carne cruda.

Bebé en colorete y arcilla sin color,
los ojos todavía sin ser ojos, apenas bultos como encía de ojos:
ni ve ni pestañea.

Pienso que es un nacimiento en escondite,
un nacimiento en escondite, pienso,
claro.
Primero crece hasta que no queda
sitio en su caparazón de ave,
despunta
para caer en el calor y se empapa
en leche.

No tiene estómago,
tampoco lo tendrá al crecer.
Se come en el tamaño de su peso,
pero no asimila, pasa por el alimento,
es un caudal, fermenta:

no tiene estómago, ni dientes y apenas ve
y busco,
busco pantanos,
le veo un esqueleto ya crecido,
ya vive agazapado en la estructura,
su hueso tímido y rapaz.

No trepa el árbol

en su existencia plegable


de submarino y uñas en boca.


Imagino su miedo translúcido

como un caparazón,

su amor defectuoso que separa

las crías del lecho conyugal

¿su amor sincero?


Entiendo su techo pequeño

y sin ventanas:

el mejor escondite es ese

en que el que se esconde jamás

                              podrá

                                    encontrarse.


¿Existe un hambre bondadosa?

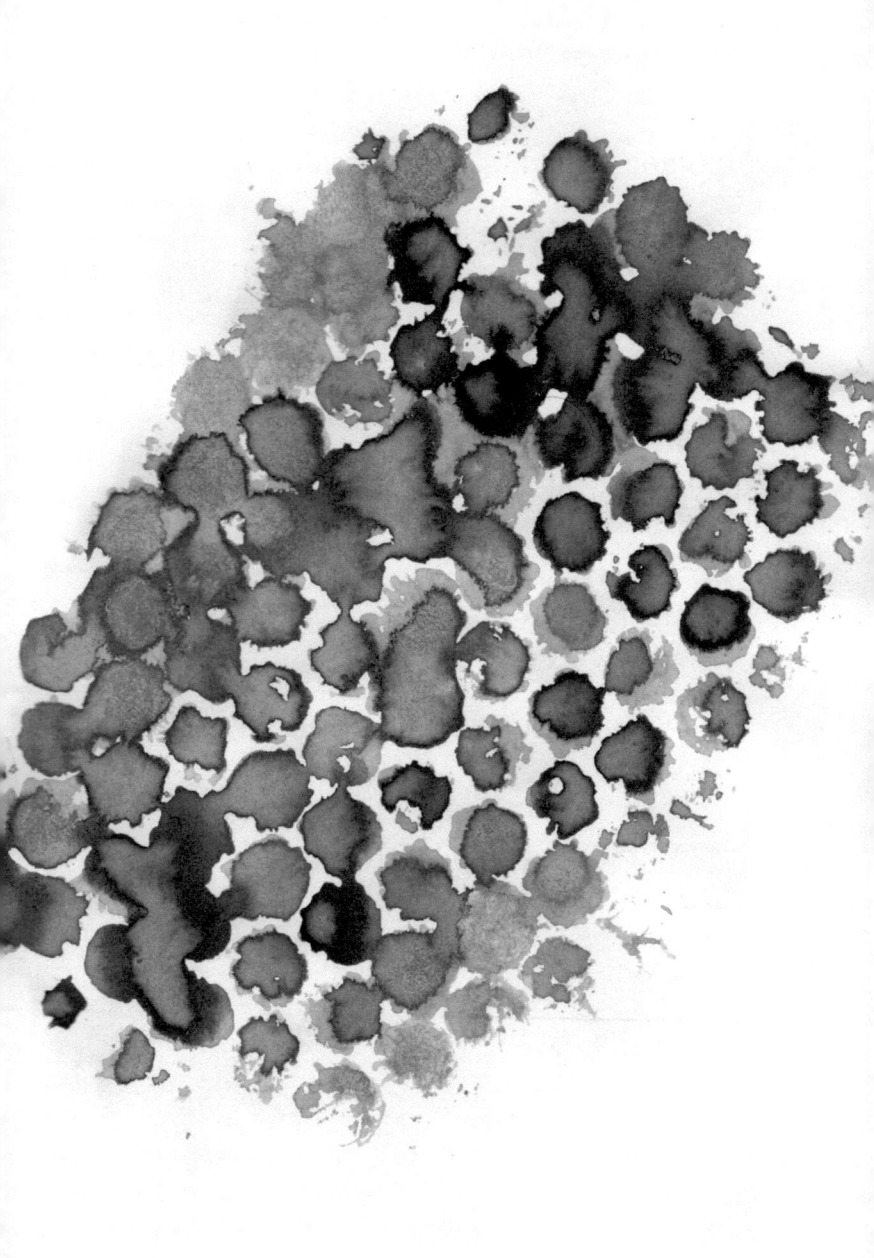

Hablaban los de llanto sensato,

el de los hombres mudos

que tienen en sus logros la negación del

[grito,

alto muy alto,

de un modesto silencio.


De cuántas jaulas se escapa la afonía.


Como gente bajita dictamino que la gente

[bajita

—tan o más o algo menos que yo—

pone los gritos muy altos.

Se les van del alcance de la mano,

se les debilita el vértigo (a los gritos) y cómo

[suben

estratosféricos:

que cuántos gritos caben trepando en las

[gargantas,

y en cuántos nuevos cuerpos se inventan

nuevos gritos

y ¿cuántos en el propio?

Si el cuerpo es nuevo en cada siete años o
algo así

—más menos los bisiestos—

¿con cuántos nuevos gritos me he quedado?


Con cuántos gritos nuevos se sorprende,

con cuántos gritos mudos.


Cuando crece el azúcar sube el ácido y

rascan un poco más

en las esdrújulas,


gritos secos.


Y hay gritos de algodón, de rosa feria,

y el grito espanto de lo que no calla,

a horas cotidianas gritos muros,

un grito vertical cayendo calle abajo,

callando sin dialéctica que trepa una escalera

y llueve un poco pronto

y escampa un poco lejos          todavía.


Y el grito verde ácido de lo que no se para,

tan grito adolescente, tan hora de metal

el grito de los niños.


Colores arañados que gritan mil historias

de infancias que ya han sido memoria en fecha tierna.


De gritos a hurtadillas sabe el ciego.

De gritos nuevo mundo el que recién

                          nace.


Qué grito tan picante, el de los hombres altos

—los huelo, se chillan en mi cama—

les rasca en la nariz,

gritos pimienta,

un grito de perchero, de casa en techo bajo,

un grito sin sus vigas

que esconde en las alfombras alturas indiscretas,

escorzos ofensivos,

un grito hecho de escotes, de calvas y agrietado,

con esa suciedad que escapa a los bajitos

de ese polvo armario,

espanto de 1,80 creciendo cenital.


Y el grito-sexo húmedo

que junta el moho en las sábanas,

amantes indiscretos que indignan vecindarios,

el grito mueble agudo de casa de alquiler.


Y luego ese otro grito.

El grito olvidadizo de lo que no se nombra.

El grito previo al tacto, la huida o la certeza

de un hombre llanto mudo:

un grito sin usar.

**Día 5** Constructor


Es cierto que en algún lugar existes,

amargo constructor de cárceles,

diseñas hábilmente la entrada de la luz,

el cielo de este techo tapado sin orugas,

    el canto circular de un preso a media tarde,

        las manchas de café que anidan en la sopa

                y calzas

                la luna a los inquietos:

                olvidas que los presos son
                [ardillas,

                asustan galerías con mechas
                [que no encienden

                y espejos verde agua,

                un órgano de cruces

                con hambre en piel y en llaga,
                [duermes

                a ratos la conciencia

                en tu escritorio a luz tranquila,
                [la nube de alquitrán,

                gusano a pico exacto,



                digamos que hay silencio.

Un canto de amapolas que

crece a las afueras de un

pecho

      -llanto

            herido,


en esta cacerola la pérdida temprana, los dientes, la palabra,

la dicha juvenil de cuerpos que se visten a huecos

a otros cuerpos

y el hueco hoy del metal

que cierra,

        dicta,

           ahonda

y pierde los olores en el economato con

                            esta

                            puerta

                            estrecha.


Se sabe que los presos que besan a otros presos

transfieren,

        trastabillan:

                paredes,

                cables,

                cienos

y cantan nanas de azafrán

en sellos de papel

                    y ríen

                    y se esconden
hermosas ventanillas de viajes y visitas
al micro que amplifica

                    azogues sin usar.

DÍA 6 De cuerpos meteoritos

hay cuerpos meteoritos que impactan con su luz

y cuánto desordenan la vida de otros cuerpos

se vuelven precipicio

matiz acantilado

y crecen como arbóreos en fértiles terrenos

retoñan avenidas

con hiedra y madreselva confirman edificios

abriéndose un silencio-frontera con sus límites

de un hambre tan sedienta

mastican alfileres

las niñas asustadas de tanta intensidad

se muerden los nudillos

se rajan en los muslos

y tan poco prudentes

desnudan su inocencia

y yo tan niña que

me rasgo en la ternura

descoso cada miedo

y crónica me abismo la fuerza al meteoro


incendio este vacío

me admito en cada verbo

y poco o mal pregunto que cuánto goce cabe

en una biografía


y sin embargo siento

la fuerza estalactita y

como un puerto de campo

me ardillo

en esta boca

## Día 7 En la caída

Caer podemos caer indistintamente:
caemos fácil, poco y en domingo,
hay suelos sin pared que están despiertos,
aristan verticales viandantes
y

        saltando alcantarillas

        orilla en mancha rápida la lluvia,

        de cita a medio día llegas tarde

        —¡qué tarde llega el que no empieza

        ni a venir! —

        digo,

        llegar tan pronto que      que todo llegue tarde,

        no lo sé.

Y ¡ay!
la prisa siempre es buena en la torpeza,
no hay lluvia que no seque con acierto,
ni charco sin un niño que salpique.

Y

ay!

caigo la rodilla en esta roca:

error, descenso yuxtapuesto en la medi-

da, cede la epidermis de esta acera,

camino, tubería, cabriola afortuna

da costumbre a los torpes que se ladran

que huyen, dictan, besan un suelo tan cercano,

el golpe siempre impacta exactamente

en el lugar preciso donde el golpe

lea —>

¡ay! se emancipa el hueso de la articulación

y ay ay

       ay

cuán conocido es el efecto

de un traspiés,

se dice que los niños de madre-ley en boca

lo practican dictando su atención.


Recojo el desperfecto:

    manzana, pintalabios, lápiz que precipita,

    roto en el pantalón,

    el grito de mi hermana

    *(vergüenza de escozor en barrio progresista)*

    —¡y cómo este tropiezo

    si no has bebido aún! —

## Día 8 De la duda

tanta duda como tanta fe

        como si la duda fuera únicamente una

                         incógnita por saber

han tachado su cielo

           han negado su esfera

a cada pregunta digo:

        te salvo una         interrogación

                Qué es una duda digo

      sino la certeza de una vida         y seguro

                    me equivoco

             cuento mis dudas posibles

cien mil infinitas dudas dudas pequeñas incluso un tanto tímidas
          son casi vidrio débil Pregunto a las preguntas

sin acierto

cuántas        respuestas cuidan        todavía

      ¿no traicionan su    imposibilidad? Abro mi boca la
      duda me recorre la garganta y gotea

                cascada

                torrente

                desvarío

      la duda derramándose en la boca

toda sabor de sal        tanta duda como tanta

              agua

              tanta agua

              como tanta

sed

Como si la duda pudiera        salvarnos        de este aullido

dad pan a los discretos

preguntan en silencio        preguntan        a preguntas

muy bajito

su hambre de salón y tinta

su duda de cuidado lento

encienden        varias        noches        con su fe.


Y todos nos buscamos        qué buscamos

lenguaje en signatura- cierre

echado-  afirma en cada angustia su tibieza

me debo en esta duda y me acciono
la duda de esta duda

cómo        sigo

si dudo de que todo sea dicho

si dudo de que exista interacción

y veo que tus labios dicen algo

no entiendo

ni siquiera

su final.

## Día 9 Del hecho árido

### I

Pido silencio al pulso del pluviómetro,

escampa árido el rictus de la raíz.

Ay cómo se clava endógena la puntería al entrecejo,

se agota enteramente la duda de los lagos,

la boca abierta-pez,

descolocamos los muebles,

abrimos las bujías

con estos codos que aristan distancia y putrefacción,

cómo de inhóspito es el caldo cocido con pastillas de Avecrem,

cuánto hormigón cocinas.


Me pregunto dónde quedó el tacto que nombras:

las vacas que oigo mugir pastan en cuatricromía

a distinto porcentaje magro,

en hilera láctea, frente al azúcar y el café.

Un tipo con gorra bajo techo (sospechosamente conjuntado)

                                        [friega el pasillo.

El llanto es el ruido del vidrio que rompe un bote de zanahorias

                                        [bebé,

qué tipo de mundo es éste en donde se venden botes de

                                        [zanahorias bebé,

son tan pequeñas

y tan zanahorias

y tan

caen.

Los ríos de sonrisa blanqueada, innaturablemente dispuesta,

[sin que quede hueco al soplido.

Qué fucsia es el idioma de los patos,
cabe su TIC TAC en una lata de conservas bonita pero que muy

[bonita,

viaja, plumífera, en cestas de Navidad.

Con gafas de visión 3d palpo la nieve:
es boca de algodón al mordisco, gallinejas de santo en freidora

[de hogar.

Cuán grasa es la celebración,
el aire que agota los pulmones de globos aerostáticos,
los cielos asfixiados de celebración,
cuán tímida y chiquitita es la risa de los viejos con su palito

  [dulce de hace cien años de feliz compromiso con la naturaleza,
la naturaleza asfixiada de celebración,

es necesariamente la celebración,

el rito,

aquí solo bailan gotas de café y etcétera

para el porcentaje del sonido dulce,

cuánta diabetes cabe en este error.

Lamo la yema del dedo, paso una página.

**II**

Me pregunto cuánta bondad nos cabe en el quejido

de un techo en cornamenta y alacrán.

## Día 10 El hijo soluble

Mi

cría soluble con manos de pan,

mi querido renacuajo heroico con su pequeño canto:

escupirás sobre los transeúntes jugando a tocar con tu sed los

[andares inquietos del borracho

para, borracho tú años después, llorar su pérdida,

entendiendo que conocer al otro es conocerse en la caída,

cayendo repetidas veces en ser especialísimo y majestuoso,

cantando cañí el domingo a palmas

en este barrio periférico de la pobreza de tu madre,

cabezota y esquiva del acierto,

esquivaras tú la historia de tu abuela, por tan siempre cercana y

[original,

con su pasado de hospital y cárcel.


Mi querido hijo no nato,

te sueño ya equivocándote,

cayendo de raíz en la raíz de la raíz,

descuidándote el cabello, la alimentación, tus salidas laborales,

y yo, tan orgullosa de tu diferencia inmensísima,

mi querido renacuajo inexistente:

reinarás las colas del vacío sobre el vacío de cada hueco de todos

[ellos diciendo

¡Hey, qué sensitivo soy!

¿Me habéis mirado bien? Amadme,

me han criado en la tribu de los locos, de las ensoñaciones y del

[aceite que queda en la freidora,

miradme, soy toda la insensatez de vuestros codos que acuden a

[la renuncia

y rezarás,

rezarás a este tiempo de nucas caídas,

rezarás clamando alto su vertical,

acertarás, mi cría, en el problema y girarás en círculos de tu

[propia insensatez,

mi hijo de tequila y de mezcal, hecho en las tabernas del

[apocalipsis,

hecho del capricho biológico,

de la hoguera del útero y su tic tac,

mi metafórico e inexistente hijo, qué acierto parirte masculino en

[este mundo

con su bulimia de lija que nos deglute y expulsa, qué acierto, mi

[inutilísimo hijo,

que puedas tú imponerte en el pantano,

probar tu suavidad intermitente.

## El ecosistema del ornitorrinco

Toda dulzura nace en un contexto.

La dulzura del ornitorrinco tiene contextos de sal y agua estancada, de imágenes a grandes tintas y de huidas a hurtadillas del deseo. Tiene un ecosistema torrencial que atenta sin prudencia a los sentidos.

Sería egoísta dejar cada semilla en su escondite. Todo texto es intertexto, todo poema es sonido que antes ya ha sido dicho o ha sido pensado en algún lugar o en algún río o en todos los ríos con su distinto lenguaje hecho de piedras.

Es difícil dar a cada rama el protagonismo que merece en el árbol, todo sucede en conjunto.

El hábitat del poema es la palabra y no es la palabra, es el sonido y no es el sonido, es la imagen, su grafía y no es la imagen ni es su grafía, es tacto y no, seguro, y sin dudarlo huele, pero tampoco, es gusto con total certeza y a su vez todos los gustos juntos dejan la lengua quieta, sin paladar. Todo poema tartamudea. Toda voluntad de decir todo el eco que queda es insalvable. Desde el eco parcial reconocemos voces vivas y voces vivas donde el cuerpo de origen ya no está, pero que qué vivas están las voces, sus trazos, el pincel, la tinta.

Pasean por estas líneas el arlequín azul de Picasso, los cuadros de Remedios Varo, las películas donde el tiempo sucede, la controversia pausada de *Persona*, la radicalidad visual de *Metrópolis*, el silencio lento de Kim Ki-duk, el tiempo visual tomándose el tiempo visual en que sucede, junto al arañazo escéptico de *Theorema*.

Si algo suena, suena en un jazz que suena lento y a veces nos levanta, es el inicio rasgado del disco de Camarón a Lorca, la voz alta que raja en el místico *Omega*, el *Gallo rojo* en voz de Silvia Pérez Cruz, sus habaneras. A veces suena tropical; a veces a pantano en la sierra con niños torpes de un campamento; a veces a hoguera ilegal en Cercedilla; a beso robado de traición; a un reloj kilométrico que suma horas. A veces es solo un charco que salta.

En el crecimiento de la escritura suena Juarroz, suena Luisa Castro, suena Olga Novo, suena Berta García Faet, suenan Sylvia Plath, Anne Carson, Sharon Olds, suena y se sonroja la escritura sonando de Maria Mercé Marçal, Enma Villazón, Cesar Vallejo, Vallejo otra vez y otra vez Vallejo, de nuevo. Vicente Huidobro, Octavio Paz, Lorca, Mariano Peyrou, Inger Christensen, Aníbal Nuñez, Marisa Bello, Miguel Santamaría, Pilar Trol, Jimena Cid, Marta Vicente Antolín, Mirian Carrera: con estas voces ha dialogado el texto, en el laboratorio de esas voces compartidas con la tutela de Gonzalo Escarpa. Cada gorjeo de ellos canta aquí de una forma u otra.

Hay cantos que reconozco específicos, imprescindibles.

Canta tanto Vicente Huidobro que se cuela literal, en homenaje, dentro del texto de apertura del libro, *Abecedario*: cada cursiva es un verso repetido de *Altazor*, porque hablamos de ecos y luego están estos, los ecos exactos.

Al canto de Marisa le debo el hallazgo que encontró sentido al libro, supo ver que la poesía es la casa del ornitorrinco, porque hablamos de tocar imposibles. He ahí la paradoja: en verdad cómo sé de qué hablamos.

Al canto de Gonzalo, el sonido: pensar con orden, pensar y despensar y repensar y reposar, le debo las preguntas y cada miga de pan que me ha ido alertando de un camino que hoy es propio. Hacer sílabas en la mesa se lo debo también.

Agradezco la amabilidad y la escucha de Paco Najarro que me ayudó a espantar fantasmas y me cedió la sabiduría de guiarme por el deseo. Pronto otras texturas con él, distintas y divertidas, porque la escritura es juego y hay que seguir jugando.

El deseo se sostiene por todos vosotros, son los ojos de Ine escuchando, el brindis con Pol, las confesiones con Patri (si confesión, Patri y no Patricia), mi hermana, Pita, Pilar, Alex, María y María y María, Andrea, Adrián, Iria, Paco y su entorno de cariño grande. Sois guarida. Luz, Maite, sois ese lugar también, desde la distancia os siento como conocidas y bocanada.

Dani, gracias, por ayudarme con mi pudor de las comas y el cariño: tus ojos valen oro.

Gracias incontables a Patricia, primero editora, luego amiga, ahora familia, seguro bondad y acción. Además de sostenerme la cabezonería me ha enseñado a entender que hay quien te permite respirar con dificultad y luego están los que te dan el aprendizaje para hacerlo, la confianza, la seguridad. Vuelve a confiar en mí con este libro, ya lo hizo con el primero cuando éramos absolutamente desconocidas, aunque nos encantamos ya entonces: lo sé, seguimos en el conjuro. Gracias, gracias, gracias: sostener las dudas y hacerlas brote y floración no es sencillo. No sé cómo lo haces, pero gracias, siempre.

En cada letra, en cada trazo, el agua y el oxígeno.

**La dulzura del ornitorrinco**

**Incubación**

Nota de la editora

Esta obra ha sido financiada gracias a los ingresos obtenidos por la venta de los títulos editados por Piezas Azules hasta ahora, muchas gracias a los autores de los mismos:

*Ropa tendida (ocho coladas),* de Patricia Lodín
*Ansiógeno,* de Jesús Alonso García
*Primer Párrafo,* de Paloma Mozo Sanjuán
*Donde planean los pájaros,* de Mara Carver
*El papel de un cromo,* de Marian Peyró
*Intentar la casa,* de Andrea López Montero
*Música y leyenda,* de Javier Lodín
*Podía haber sido de otro modo,* de Irene Torres Redecilla
*Días de Reykjavík,* de Ernesto Diéguez Casal
*Tiempo de frutos,* de Ramiro Gairín
*Estratos,* de Mariano Peyrou y Mar Lozano
*Nunca esta lengua,* de Virginia Saji
*Herbario de amores dulces,* VVAA
*Palpar la luz,* de Ana Casado
*Las claves del Vuelo 605,* de Javier Lodín
*Mosaico de barr(i)o movedizo,* de Salomé Ballestero
*El pulso herido,* de Daniel Herrera
*El miedo tranquilo,* de Mariano Peyrou y Mar Lozano
*La Sal,* de Jimena Cid y Ana Cid
*Caleidoscópica,* de María José Beltrán

Cuando leí este poemario de Andrea ya sabía quién era Andrea. Y por eso reconocí en él obsesiones que la forman parte (aunque no sean las mismas que en *Intentar la casa*). Pero si fueran los primeros versos de Andrea que hubiera leído nunca, –sé que eso no puedo saberlo pero de alguna forma sí sé– me habrían estremecido y me habrían atravesado, porque escribe verdad, porque escribe poesía y porque se concede el aullido. Daniel volvió a elegir su manuscrito en un juego de doble ciego. Yo no me sorprendí. Me habría sorprendido lo contrario. Estábamos juntos los cuatro.

Andrea es muy prolífica, pero dice que esta es la última vez que publica aquí en Piezas Azules, porque ahora además de ser poeta, autora, amiga y antologadora es socia y editora. Observo las opiniones del mundillo literario al respecto de publicar o no donde editas, y parece que hay una dicotomía, como el ser de colacao o de nesquick: existe un posicionamiento necesario e irrenunciable, especialmente feroz en el equipo del no. Estar en medio supone someterse a un juicio que parece necesario e irrenunciable, como si no fuera lo suficientemente difícil ya este mundo (mundillo), y entiendo que prefiera mantener separados los roles. Yo miro con extrañeza esa necesidad y esa irrenunciabilidad. Y me pregunto (en forma de esperanza) cómo Andrea puede estar tan segura de que es la última vez. Quizá, igual que yo digo que puedo saber lo que no ha ocurrido pero podría haberlo hecho ella adivina lo que está por venir. Quizá, por eso me resisto un poco a escribir estas palabras, porque ¿y si sí lo sabe? ¿y si fuera la última *nota de la editora* que yo escribo para una obra suya? Me consuela pensar que, en realidad, que lo sea o que no no tiene demasiada importancia. Sí la tiene seguir leyendo su poesía, –editores, no pierdan su oportunidad–. Pero, en cualquier caso, gracias, gracias, Andrea, por esta nueva vez, por la dulzura y el aullido.

Y por último, gracias a ti, lector, por elegir la poesía y Piezas Azules y formar parte.

Patricia Lodín.
Agosto de 2024.

Este libro fue mandado a imprimir antes de los sofocos comerciales que anualmente nos brindan los narradores, desconociendo el particular de este año y con los ojitos tiernos por saber que es un libro de octubre y de pantano, a la luz azulada de Plath, que escribió *Tres mujeres*, cuyo tema cobija este ornitorrinco a ratos azucarado, a ratos hostil con su ceguera roja.